BEI GRIN MACHT SICH IHR WISSEN BEZAHLT

- Wir veröffentlichen Ihre Hausarbeit,
  Bachelor- und Masterarbeit

- Ihr eigenes eBook und Buch -
  weltweit in allen wichtigen Shops

- Verdienen Sie an jedem Verkauf

Jetzt bei www.GRIN.com hochladen und kostenlos publizieren

Konzeption eines vollständig qualitativen Interviewleitfadens zur Ermittlung der Unternehmensreputation

Bibliografische Information der Deutschen Nationalbibliothek:

Die Deutsche Nationalbibliothek verzeichnet diese Publikation in der Deutschen Nationalbibliografie; detaillierte bibliografische Daten sind im Internet über http://dnb.d-nb.de abrufbar.

ISBN: 9783346506924
Dieses Buch ist auch als E-Book erhältlich.

Druck und Bindung: Books on Demand GmbH, Norderstedt Germany
Gedruckt auf säurefreiem Papier aus verantwortungsvollen Quellen

Das vorliegende Werk wurde sorgfältig erarbeitet. Dennoch übernehmen Autoren und Verlag für die Richtigkeit von Angaben, Hinweisen, Links und Ratschlägen sowie eventuelle Druckfehler keine Haftung.

Das Buch bei GRIN: https://www.grin.com/document/1133551

EINSENDEAUFGABE

Wissenschaftliches Arbeiten – Vertiefung I

Alternative A

- Konzeption eines vollständig qualitativen Interviewleitfadens
zur Ermittlung der Unternehmensreputation -

Studiengang: B.Sc. Psychologie

Modul: Wissenschaftliches Arbeiten – Vertiefung I

Abgabe am: 26.09.2019

Inhaltsverzeichnis

3

Abkürzungsverzeichnis

AG	Aktiengesellschaft
bspw.	beispielsweise
CC	Corporate Citizenship
CSR	Corporate Social Responsibility
DB	Deutsche Bahn
DIN	Deutsches Institut für Normung
ISO	Internationale Organisation für Normung
K.	Kapitel
NGO	Nichtregierungsorganisation
vgl.	vergleiche

Abbildungsverzeichnis

Tabellenverzeichnis

Anlagenverzeichnis

1 Operationalisierung des Konstrukts Unternehmensreputation und Konzeption eines vollständigen qualitativen Interviewleitfadens

Die vorliegende Arbeit beinhaltet im ersten Kapitel die Operationalisierung des Konstruktes Unternehmensreputation sowie die Konzeption eines vollständigen qualitativen Interviewleitfadens. Ziel des Interviewleitfadens ist eine anschließende Befragung der drei wichtigsten Stakeholder des Unternehmens. Als Unternehmen wird die deutsche Bahn AG gewählt.

1.1 Konstrukt „Unternehmensreputation"

„It takes 20 years to built a good reputation but only five minutes to ruin it(...)"- Buffet[1]

Dieses Zitat des amerikanischen Großinvestors, populären Unternehmers und Mäzen beschreibt prägnant in einem Satz die gesamte Komplexität des Themas Unternehmensreputation. Unternehmenserfolg hängt heute nicht allein von der Marktmacht, hohen Umsätzen und Gewinnen ab. Im Zentrum der Aufmerksamkeit steht das Unternehmensimage. Die über Jahrzehnte aufgebaute Reputation wird zum entscheidenden Wettbewerbsfaktor. Nicht zuletzt aus diesem Grund hat das Thema der Unternehmensreputation vor allem in den letzten Jahren einen Zuwachs im wissenschaftlichen Diskurs genommen.[2] Trotz intensiver Auseinandersetzung mit dieser Thematik gibt es keine einheitliche Definition des Konstruktes „Unternehmensreputation".[3]

Fombrun definiert Reputation als die gesamte Einschätzung eines Unternehmens durch seine Stakeholder, die aus der Summe sämtlicher affektiver Reaktionen von Kunden, Investoren, Mitarbeitern, Zulieferer sowie der Öffentlichkeit resultiert.[4] Unklarheiten entstehen dadurch, dass ausschließlich affektive Werturteile berücksichtigt werden, kognitive Aspekte jedoch außen vor bleiben. *Gray* und *Balmer* hingegen verstehen die Reputation eines Unternehmens als die Bewertung von Unternehmenseigenschaften durch entscheidende Stakeholder, was einen affektiven Faktor außer Acht lässt.[5] Eine Kombination

---

[1] Vgl. *Esty* (2019), S. 12
[2] Vgl. *Rauber* (2014), S. 1
[3] Vgl. *Gotsi, M., /Wilson, M.A.* (2001), S.24
[4] Vgl. *Walsh/Beatty* (2007), S. 129
[5] Vgl. *Gray/Balmer* (1998), S. 696

beider Komponenten findet sich bei *Hall*, der einer Reputation Wissen und Emotion einzelner Personen über das Unternehmen zuschreibt.[6] Diese Arbeit fasst den Begriff der Unternehmensreputation basierend auf *Halls* Definition auf und bedient sich des Konzeptes zur Messung einer Unternehmensreputation nach *Schwaiger*, der ebenfalls in seinem Modell die affektive wie auch die kognitive Perspektive einbezieht. Die folgende Tabelle zeigt angelehnt an *Schwaigers* Modell die unterschiedlichen Werttreiber mit den dazugehörigen Indikatoren, die sich auf die Reputation eines Unternehmens auswirken.

Dimension	Indikatoren
Verantwortung	• Faires Wettbewerbsverhältnis • Nicht nur an Profit denken • Gesellschaftliche Verantwortung • Engagement für die Umwelt • Aufrichtige Information
Attraktivität	• Hoch qualifizierte Mitarbeiter • Als Arbeitgeber vorstellbar • Erscheinungsbild gefällt
Qualität	• Qualität Produkt/Service • Preis-/Leistungsverhältnis angemessen • Gutes Serviceangebot • Kundenwunsch im Fokus • Verlässlicher Partner • Vertrauenswürdiges Unternehmen • Respekt vor Leistungen • Eher Vorreiter als Mitläufer
Performance	• Sehr gut geführt • Wirtschaftlich stabil • Überschaubare Risiken • Wachstumspotenzial • Klare Zukunftsvorstellung

Tabelle 1: Modell zur Messung der Unternehmensreputation [7]

---

[6] Vgl. *Hall* (1992), S. 138
[7] Vgl. *Schwaiger* (2004), S. 46–71

Dimension Verantwortung

Die wissenschaftliche Diskussion setzt sich über Jahre hinweg mit dem Begriff der Unternehmensverantwortung auseinander. Dabei wird eine Kontroversität des Begriffes deutlich. Je nach Blickwinkel werden andere Schwerpunkte gesetzt, was unter Verantwortung zu verstehen ist. Während von der Unternehmensseite her Argumente wie der Wettbewerb und Begrenztheit unternehmerischer Ressourcen ihre Berechtigung finden, positionieren sich Gegensprecher mit normativen Vorstellungen wie Gerechtigkeit, Solidarität, Wohltätigkeit und Altruismus.[8] Aus dieser Problematik heraus sind zwei neue Konzepte entstanden, Corporate Social Responsibility (CSR) und Corporate Citizenship (CC). Ein unternehmerisches Streben nach Gewinnmaximierung wird für die Unternehmensverantwortung wie bei Schwaiger als nicht ausreichend angesehen. Das Gewinnstreben ist ethisch legitim, jedoch nur solange die Gesellschaft keine negativen Folgen trägt.[9] Auch die ökologische Verantwortung sowie andere soziale und ökonomische Bereiche sind Teil der beiden Konzepte.[10] Schwaiger umgreift somit knapp und prägnant mit seinen fünf Indikatoren die relevanten Merkmale des Ausdrucks Verantwortung.

Dimension Attraktivität

Mitarbeiter sind das Humankapital eines Unternehmens und tragen folglich maßgeblich zum Erfolg eines Unternehmens bei. In Zeiten des Fachkräftemangels ist es umso wichtiger sich als Unternehmen attraktiv darzustellen. Daher findet sich unter Schwaigers Indikatoren der Faktor hochqualifizierter Mitarbeiter. Die Arbeitgeberattraktivität beschreibt einerseits den individuellen Nutzenfaktor eines bestehenden Mitarbeiters, der ihn an das Unternehmen bindet und andererseits die Motivation potenzieller Arbeitnehmer, sich beim Unternehmen zu bewerben.[11] Auch Schwaiger zählt die Vorstellbarkeit als neuer Arbeitgeber zu seinen Indikatoren. Förderlich kann hierzu das Erscheinungsbild des Unternehmens sein, was den dritten Punkt der Attraktivitätsdimension darstellt.

Dimension Qualität

"Es gibt so viele Definitionen für Qualität, wie Leute, die sie definieren, und es besteht keine Einigkeit darüber, was Qualität ist oder sein sollte."[12] Diese Aussage von Imai,

---

[8] Vgl. *Lin-Hi* (2008), S. 6
[9] Vgl. *Pommerening* (2005), S. 1
[10] Vgl. *Vitols* (2011), S. 7
[11] Vgl. *Schetter* (2014), S. 19–21
[12] *Imai/Nitsch* (1994), S. 30

einem für seine Arbeiten aus dem Qualitätsmanagement bekannten Organisationstheore-
tiker [13], macht die Multidimensionalität des Begriffes deutlich. Der Qualitätsbegriff, der
nach DIN 55350/ISO 8402 Qualität als die „…Gesamtheit von Merkmalen und Merk-
malswerten eines Produktes oder einer Dienstleitung bezüglich ihrer Eignung, festgelegte
und vorausgesetzte Erfordernisse zu erfüllen." definiert wird, reicht nicht aus.[14] Denn die
Qualität eines Unternehmens nimmt nicht ausschließlich auf Produkte und Dienstleistun-
gen Bezug, was auch bei Schwaigers Auswahl der Qualitäts-Indikatoren sichtbar wird.
Unternehmensqualität ist eher als ein ganzheitliches betriebswirtschaftliches Konzept zu
sehen, das den technischen, kaufmännischen und menschlichen Bereich umfasst.[15]

Dimension Performance
Die Performance eines Unternehmens ist stark von der Corporate Governance abhängig.
Diese umfasst im Wesentlichen eine geregelte Unternehmensverfassung, welche klare
Ziele beinhaltet sowie eine effiziente Führung und Kontrolle des Unternehmens. Ein ri-
sikokontrolliertes Agieren am Markt wird hierbei vorausgesetzt. [16] Zusätzlich betrachtet
Schwaiger die wirtschaftliche Stabilität und das Wachstumspotenzial als Indikatoren.

1.2   Auswahl der Stakeholder

Als Stakeholder, auch Anspruchsgruppen genannt, werden alle internen und externen Personen oder Personengruppen bezeichnet, welche von den Handlungen des Unternehmens
unmittelbar und zukünftig sowohl direkt als auch indirekt betroffen sind.[17] Wenngleich
die Wahl und Einbindung der Stakeholder leittragend für den Erfolg eines Unternehmens
ist, findet sich hierfür kein Leitfaden in der Wissenschaft. Da die deutsche Bahn wie das
Unternehmen Audi eine Aktiengesellschaft ist, orientiert sich die Wahl der Stakeholder
daran. Als die drei wichtigsten Stakeholder wurden die Mitarbeiter, Kunden und Geschäftspartner ermittelt. Zu erwähnen gilt, dass noch weitere existierende Stakeholder wie
bspw. NGOs, Fachmedien und Vertreter von Behörden, Politik, Verbänden, Gewerk-
schaften, Nachbarn und Kommunen im Rahmen der Befragung keine Berücksichtigung
finden.[18]

---

[13] Vgl. *van Vilet* (2009)
[14] Vgl. *Binner* (1996), S. 3
[15] Vgl. *Griggel* et al. (1993), S. 4
[16] Vgl *Schmidt* (2003), S. 3
[17] Vgl. *Thommen* (2019)
[18] Vgl. *Altenburger/Mesicek* (2016), S. 109–113

1.3 Fallauswahl

Mit einer Mitarbeiteranzahl von über 300.000, einer täglichen Kundenzahl von über zwölf Millionen und unzähligen Geschäftspartner von über 500 ist eine Vollerhebung in Bezug auf die Forschungsfrage von einem Konzern dieser Größe nicht möglich.[19] Die Befragung findet somit stichprobenartig statt. Anders als die quantitative Forschung mit dem Fokus einer statistischen Repräsentativität setzt die qualitative Forschung in der inhaltlichen Repräsentativität ihren Schwerpunkt. Wichtig ist somit eine Fallauswahl, die hinsichtlich der Fragestellung als Grundlage für weitere Forschungen dienen soll und einen Rückschluss auf andere Fälle zulässt.[20] Die Stichprobenwahl ist in der qualitativen Forschung nicht zufällig, sondern bewusst nach bestimmten Kriterien. Der in der quantitativen Forschung gebrauchte Begriff „Stichprobenziehung" wird in der qualitativen Forschung durch „Fallauswahl" ersetzt.[21] Ziel der Fallauswahl ist es, eine möglichst heterogene, in den relevanten Merkmalen maximal unterscheidbare und somit informative Gruppe von Personen für das Interview zu gewinnen.[22] Die Befragung wird mit den drei wichtigsten Stakeholdern der DB durchgeführt. Die Personenzahlen dieser drei Stakeholdergruppen unterscheiden sich, weshalb auf eine unterschiedliche Interviewerzahl der jeweiligen Gruppen gesetzt wird. Es werden 30 Kunden, 15 Mitarbeiter und 5 Geschäftspartner befragt. Die Heterogenität wird bei den Kunden in der Unterscheidung hinsichtlich ihres Alters, Geschlechtes, Einkommens und Nutzungshäufigkeit sichergestellt. Bei den Mitarbeitern wird darauf geachtet, dass sie in unterschiedlichen Bereichen tätig sind, unterschiedliche Gehaltsstufen und eine unterschiedliche lange Betriebszugehörigkeit aufweisen. Als Geschäftspartner werden sowohl neue als auch langjährige gewählt.

1.4 Konzeption eines qualitativen Interviewleitfadens

Ein qualitativer Forschungsansatz ist kontextbezogenen, spezifisch, situationsabhängig und auf das Sinnverstehen ausgerichtet. In Abhängigkeit der Kontextualität werden Stichproben gewählt, die meist eher kleiner sind.[23] Die Datenerhebungsmethode des Interviews zählt zu den gängigsten in der qualitativen Forschung. Ein Interview ist ein mit

---

[19] Vgl. *Deutsche Bahn AG* (2019)
[20] Vgl. *Mayer* (2013), S. 39
[21] Vgl. *Hussy* et al. (2013), S. 194
[22] Vgl. *Walter* (2020), S. 138
[23] Vgl. *Wichmann* (2020), S. 42

asymmetrischer Rollenverteilung und zum Zwecke der Informationsermittlung geführtes Gespräch. Grundsätzlich können Interviews nach dem Grad der Standardisierung unterschieden werden. Hierunter fallen das standardisierte, halbstandardisierte und nonstandardisierte Interview. Wobei das standardisierte zu den quantitativen Methoden gezählt wird.[24] Zur Messung der Unternehmensreputation wird die halbstandardisierte Interviewform gewählt, da hierunter das Leitfadeninterview fällt.[25]

Ein Leitfaden ist ein mit Fragen aufgearbeitetes Transskript. Dabei ist weder die Fragenformulierung noch die Reihenfolge verbindlich. Hinzukommt seine flexible Einsatzmöglichkeit. Die Verbindlichkeit zur Einhaltung des Ablaufes ist vom Interview abhängig. Leitfadeninterviews dienen nicht dem Zweck einer formalen Vergleichbarkeit, sondern der Gewinnung möglichst vieler unterschiedlicher Informationen zur Fragenstellung.[26]

In Verknüpfung zu dieser Arbeit soll die Form des Leitfadeninterviews eine detailreiche Erfragung aller relevanten Reputationsdimensionen ermöglichen.

Bevor das Interview durchgeführt werden kann, ist Gesetz des wissenschaftlichen Arbeitens eine Planung notwendig. Sie ist relevant, weil sie den Forschungsprozess nachvollziehbar macht und den Forschungsgegenstand angemessen begründet.[27]

Zur Planung zählt vor allem die Konzeption des Leitfadens für das Interview. Der thematische Kernpunkt dessen muss dabei klar und fokussiert sein. Der für diese Arbeit relevante Themenkomplex „Unternehmensreputation" wurde ausführlich in den vorherigen Kapiteln behandelt. Zudem gibt der Leitfaden dem gesamten Kommunikationsprozess die notwendige Struktur.[28] Nach einer beginnenden Begrüßung und Einleitung wie auch formalen Fragen (Name, Vorname, Datum, Zeitrahmen usw.) wird der Hauptteil des Leitfadens mit einer Eisbrecherfrage eingeleitet. Die Möglichkeit des Erzählens über die eigene Person schafft eine natürliche Gesprächsatmosphäre.[29] Weiterhin wird der Gesprächspartner mit überwiegend offenen Fragen, die sich an den Dimensionsindikatoren orientieren, durch das Interview geführt. Dabei wird darauf geachtet, dass zu jedem Indikator der jeweiligen Dimensionen nach Schwaiger eine Frage zugeordnet wird. Mit einem Schlussteil und einer Einverständniserklärung endet der Leitfaden.[30]

---

[24] Vgl. *Hussy* et al. (2013), S. 224
[25] Vgl. *Döring/Bortz* (2016), S. 322; ebenso *Lamnek* (2005), S. 336; *Schnell* et al. (2005), S. 323
[26] Vgl. *Sax* (2010), S. 72
[27] Vgl. *Helfferich* (2005), S. 167
[28] Vgl. *Misoch* (2015), S. 66
[29] Vgl. *Wild* (2016), S. 60
[30] Vgl. *Misoch* (2015), S. 68

Ein qualitativer Interviewleitfaden umfasst offene Fragen und hält den Interviewten dazu an, in eigenen Worten zu antworten.[31] Der im Rahmen dieser Arbeit erstellte Interviewleitfaden arbeitet auch mit ausschließlich offenen Fragen. Für die Formulierung der Fragen sind folgende Grundsätze zu beachten:

1. Anpassung der Fragen an das Verständnisniveau der Probanden.

2. Fragen an den Kenntnis- und Erfahrungsstand des Probanden anknüpfen.

3. Einfache Formulierung der Fragen.

4. Formulierung kurzer Fragen.

5. Keine doppelten, überflüssigen und suggestiven Fragen.

6. Pro Frage ist ein Sachverhalt abzufragen.

7. Doppelte Verneinungen, mehrdeutige Begriffe, Fachbegriffe und Fremdwörter sind möglichst zu vermeiden.[32]

Der entwickelte Leitfaden im Anhang beinhaltet Hauptfragen und Unterfragen. Die Hauptfragen werden wörtlich so gestellt wie sie im Interviewleitfaden zu finden sind. Die zu einer jeweiligen Hauptfragen zugehörigen Unterfragen können je nach Bedarf gestellt werden. Diese sind bei Eventualität unter einer Hauptfrage mit einem kreisförmigen Aufführungszeichen aufgezeigt. Dieser Aufbau des Leitfadens ermöglicht eine flexiblere Handhabung, da detaillierter auf Themen eingegangen werden kann und bei nicht ausreichender Beantwortung der Frage ein Nachfragen ermöglicht wird.[33]

1.5 Aufbau und Durchführung des Interviews

Eine Planung zur Durchführung eins Interviews enthält forschungsstrategische Entscheidungen. Diese werden kurz und prägnant erläutert:

(1) Entscheidung für den Forschungsgegenstand:

Der Forschungsgegenstand umfasst die Ermittlung der Unternehmensreputation am Beispiel des Unternehmens -DB AG. Der hierfür relevante Begriff der Unternehmensreputation wurde dafür in Kapitel 1.1 umfänglich geklärt.

(2) Entscheidung für eine Zielgruppe und Stichprobe:

Als Zielgruppe wurden die drei wichtigsten Stakeholder des Unternehmens: Mitarbeiter, Kunden und Geschäftspartner gewählt (siehe Kapitel 1.2).

---

[31] Vgl. *Döring/Bortz* (2016), S. 365
[32] Vgl. *Thielsch* (2012), S. 222–228
[33] Vgl. *Wild* (2016), S. 60

Die Stichprobe umfasst die Befragung von 30 Kunden, 15 Mitarbeiter und 5 Geschäftspartner (K.1.3).

(3) Entscheidung für eine Interviewform:

Form des Interviews ist das halbstandardisierte Leitfadeninterview (K.1.5).

(4) Entscheidung zur Ausgestaltung der Räume:

Der Raum sollte so gewählt werden, dass Tonaufzeichnungen möglich sind. Eine Aufzeichnung erspart Zeit und lässt ein anschließendes Transkribieren zu.[34]

(5) Entscheidung über den zeitlichen Umfang:

Jeder Interviewte wird nur einmal mit einem Zeitaufwand von 60 – 90 Minuten befragt.

(6) Entscheidung über die personelle Durchführung:

Jede Person wird einzeln befragt.

(7) Entscheidung bezogen auf Fortführung der Qualifizierung des Interviews in die Auswertungsphase hinein:

Vor den eigentlich relevanten Interviews werden Probeinterviews durchgeführt, um die Funktionalität, Verständlichkeit und Schwierigkeit der Fragen zu testen und ggf. Anpassungen und Veränderungen im Leitfaden vornehmen zu können.

(8) Entscheidungen bezogen auf die Forschungsdokumentation:

Die Dokumentation des Interviews erfolgt auf Tonband. Über den Datenschutz wird anfangs aufgeklärt. Mit einer anfänglichen Unterzeichnung einer Einverständniserklärung seitens des Befragten wird dies festgehalten.[35]

Grundsätzlich lässt sich das der Interviewablauf in vier Phasen unterteilen: der Informationsphase, der Aufwärm- und Einstiegsphase, der Hauptphase und der Abschlussphase.[36] Alle zuvor getroffenen Entscheidungen nehmen Einfluss auf die Durchführung des Interviews. Mit der Informationsphase und dem eigentlichen Start des Interviews wird dem Befragten das Studiendesign erläutert. Die in Punkt acht erwähnte Einverständniserklärung soll unterzeichnet werden. Die Aufwärmphase soll dem Interviewten mit Hilfe breit gestellten und offenen Frage einen angenehmen Einstieg ermöglichen.[37] Im vorliegenden Leitfaden wird nach der ersten Assoziation zur DB gefragt, ohne eine Richtung vorzugeben. Die Hauptphase erörtert die zuvor festgelegten Themen in aller Tiefe. Nach der Abarbeitung aller Themenkomplexe beginnt die Abschlussphase. Hier besteht für den

---

[34] Vgl. *Berger-Grabner* (2016), S. 134
[35] Vgl. *Helfferich* (2005), S. 168–170
[36] Vgl. *Misoch* (2015), S. 68
[37] Vgl. *Misoch* (2015), S. 71

Befragen die Möglichkeit bislang unerwähntes mitzuteilen. Der Interviewer beendet das Interview, indem der den Probanden aus der Befragungssituation führt. [38] Das für diese Arbeit erstellte Interview schließt mit einer Abschlussfrage und einem Dankeschön. Zudem wird dem Befragten angeboten, nach Abschluss der Auswertung die Ergebnisse der Befragung zu erhalten. Damit ist das Interview beendet.

2 Die Gruppendiskussion mit ihren Anwendungsfeldern sowie Vor- und Nachteilen im Vergleich zu qualitativen Einzelinterviews

Das zweite Kapitel befasst sich mit dem Begriff der Gruppendiskussion (Fokusgruppe), geht auf mögliche Anwendungsfelder ein und diskutiert Vor- und Nachteile einer Gruppendiskussion im Vergleich zu qualitativen Einzelinterviews.

2.1 Gruppendiskussion (Fokusgruppe) – Begriffsbestimmung

Die Gruppendiskussion zählt zu den qualitativen Erhebungsmethoden und geht auf eine 60-jährige Forschungsgeschichte zurück. [39] Die Technik der Diskussion in einer Gruppe ist zwischen den Erhebungs- und Partizipationsverfahren einzuordnen.
In einem begrenzten Zeitrahmen, ca. zwei Stunden, debattiert eine Anzahl von Personen (5 – 15 Personen) über vorgegebene Themenfelder. Der thematische Schwerpunkt verleiht dem Verfahren einen Fokus, weshalb die Gruppendiskussion im Fachjargon auch als Fokusgruppe bezeichnet wird. Der Einsatz einer Fokusgruppe dient dem Zweck der Analyse von Meinungen bestimmter Zielgruppen zu expliziten Stimuli.
Die Methode der Gruppendiskussion ist ein moderiertes Diskursverfahren, bei dem die Teilnehmer durch einen Informationsinput oder mithilfe eines Stimulus zur Diskussion über ein fest vorgeschriebenes Thema angeregt werden. Ein Leitfaden gibt dem Moderator als auch einer Diskussionsgruppe eine Struktur und dient nicht nur als Orientierungshilfe, sondern auch zur Sicherstellung der Behandlung aller relevanten Aspekte. Eine klare Struktur anhand eines Leitfadens ermöglicht zudem eine bessere Vergleichbarkeit unterschiedlicher Fokusgruppen. [40]

---

[38] Vgl. *Misoch* (2015), S. 71
[39] Vgl. *Mey/Mruck* (2010), S. 436
[40] Vgl. *Hussy* et al. (2013), S. 7–9; *Schulz* et al. (2012), S. 7–9

Bevor eine Gruppendiskussion durchgeführt werden kann, ist die richtige Auswahl der Gruppenmitglieder essenziell. Die Wahl einer heterogenen oder homogenen Gruppe hängt von der Erkenntnisabsicht ab. Der Wissensstand zu einem gewissen Thema sollte bei Wahl der Teilnehmer möglichst homogen, z.b. durch einen ähnlichen Bildungshintergrund oder der Angehörigkeit derselben Generation, sein.[41] Die Meinungen über den Diskussionsgegenstand jedoch heterogen.[42]

2.2 Ablauf einer Gruppendiskussion

Eine prototypische Beschreibung eines Gruppendiskussionsablaufes bietet das Modell von Pollock. Zur Durchführung einer Diskussion ist es erforderlich, dass der Moderator die Phasen kennt, um auf die jeweiligen Wesensmerkmale dieser Phasen angemessen reagieren zu können. Die sechs Stufen der Gruppendiskussion nach Pollock sind folgende:

1. „Fremdheit" – Die ungewohnte neue Umgebung bringt Unsicherheit und geht mit dem Wunsch nach Sicherheit nach. Es entsteht Erfordernis nach „Eröffnungsfragen".

2. „Orientierung" – Mit „Hinführungsfragen" werden Gemeinsamkeiten erforscht.

Der Moderator hat darauf zu achten, dass die ersten beiden Phasen zügig ablaufen, um die Konzentration auf das Diskussionsthema zu lenken.

3. „Anpassung" –Individuen suchen nach Übereinstimmung von ihren Argumentationen mit den der Gruppenmitglieder. Der Moderator stellt „Überleitungsfragen".

4. „Vertrautheit"- Mithilfe von „Schlüsselfragen" versuchen die Teilnehmer zu einem gemeinsamen Konsens zu kommen.

5. „Konformität"- Die Homogenität der Gruppe bildet sich heraus und damit eine Gruppenmeinung. Unstimmigkeiten werden ignoriert. In der Phase bieten sich zusammenfassende, rückversichernde „Schlussfragen" an.

Die drei Phasen nehmen aufgrund der Auseinandersetzung mit dem Thema die meiste Zeit in Anspruch.

6. „Abklingen"- Durch „Retrospektivfragen" soll die Zufriedenheit der hergestellten Konformität und Gemeinsamkeit gefestigt werden.

---

[41] Vgl. *Kühl* (2009), S. 105
[42] Vgl. *Berger-Grabner* (2016), S. 143

Die Gruppendiskussion ist mit einer zeitlich kurzen Einheit beendet.[43]

2.3 Anwendungsfelder der Gruppendiskussion

Die Einsatzgebiete für Gruppendiskussionen sind weitläufig. In der Sozialforschung als auch Kommunikations- und Medienforschung werden sie zur Konzeption neuer Hypothesen und Fragestellungen eingesetzt. Die Rezeptionsforschung erreicht durch diese Methode revidierte Vorstudien zur weiteren Forschung. Als Instrument der Marktforschung hat sich die Fokusgruppe etabliert und wird im angloamerikanischen Raum als Synonym für qualitative Forschung verwendet.[44] Ein erfolgreicher Einsatz von Gruppendiskussionen findet sich auch in den Bereichen der Bildungs-, Jugend-, Generations-, Milieu-, Kultur-, Evaluations-, Geschlechter-, und Organisationsforschung.[45] Auch finden sich Debatten umstrittener Aspekte in den Gesundheitswissenschaften.[46] Die Fokusgruppe kann einzeln oder in Kombination mit anderen qualitativen und quantitativen Methoden eingesetzt werden.[47] Besonders geeignet ist die Methode der Fokusgruppe für folgende sozialwissenschaftliche Themenfelder:

- als Testverfahren zur Erörterung der Wirkung medial vermittelter Inhalte,
- zur Analyse von Meinungsvielfalt, insbesondere in der Politikberatung,
- als Instrument der Akzeptanzanalyse von bspw. neuen Produkten oder Gesetzen,
- als Instrument zur Konfliktschlichtung bei bspw. der Zusammenführung konfliktbehafteter Interessensgruppen zur Findung eines Konsenses,
- zur Evaluierung bestimmter Maßnahmen, Veranstaltungen usw.[48]

2.4 Vor- und Nachteile einer Gruppendiskussion im Vergleich zu qualitativen Einzelinterviews

In den vergangenen Kapiteln beschäftigte sich die Arbeit mit Fakten rund um die Gruppendiskussion. Im Folgenden soll diskutiert werden, welche Vor- und Nachteile

---

[43] Vgl. *Naderer/Balzer* (2011), S. 296–297
[44] Vgl.*Averbeck-Lietz/Meyen* (2016), S. 161
[45] Vgl. *Mey/Mruck* (2010), S. 442–443
[46] Vgl. *Schulz* et al. (2012), S. 11
[47] Vgl. *Berger-Grabner* (2016), S. 143
[48] Vgl. *Schulz* et al. (2012), S. 10–11

Gruppendiskussionen mit sich bringen, wenn sie mit qualitativen Einzelinterviews verglichen werden.

Als „Quick and easy" betitelt Morgan die Fokusgruppe. Das liegt an dem deutlich geringeren Ressourceneinsatz als für die Durchführung qualitativer Einzelinterviews bei ähnlicher Teilnehmeranzahl. Somit werden Fokusgruppen dann eingesetzt, wenn auch die Durchführung qualitativer Einzelinterviews möglich wäre.[49] Die Ressourcen beziehen sich auf die zeitliche sowie finanzielle Ebene.[50] Neben dem Ressourcenargument obwalten weitere Vorteile von Fokusgruppen gegenüber Einzelinterviews. So verhilft der Ansporn der Gruppendynamik zu neuen Ideen und spontanen als auch unkonventionellen Antworten, die bei Einzelinterviews allenfalls verborgen geblieben wären. Die Leistungsfähigkeit ist in der Gruppe im Gegensatz zum Einzelnen durch das kollektive Wissen erhöht. Die ungezwungene Atmosphäre bringt den positiven Effekt der Authentizität mit sich und verringert den Effekt der sozialen Erwünschtheit. Aufgrund der Gruppengröße können im Vergleich zum Einzelinterview Interviewer- und Moderatoreffekte minimiert werden. Teilnehmer haben in Gruppendiskussionen die Wahl des Wechsels zwischen aktiver und passiver Teilnahme.[51]

In einigen Fällen sind Einzelinterviews Fokusgruppen bessergestellt. In Betrachtung des Faktors Zeit und des Redeanteils eines jeden Teilnehmers geben Einzelinterviews einen tieferen Einblick in die Einstellungen und Erfahrungen des Befragten. Fragen zur Biografie und Intimität finden sich daher auch eher in Einzelinterviews wieder.[52] Gruppendiskussionen haben darüber hinaus den Nachteil, dass das Gespräch von einem Meinungsführer dominiert werden kann und andere Teilnehmer dahingehend eingeschüchtert werden.[53] Die Anforderungen an einen Moderator sind bei Gruppendiskussionen hoch. Er ist dafür verantwortlich, dass die Gruppe am Thema bleibt und thematische Sprünge so gering wie möglich gehalten werden.[54] Zudem sollte er sicherstellen, dass sich jeder Teilnehmer am Gespräch beteiligt, um Phänomene wie das „Soziale Faulenzen" (keine oder geringe Einbringung in die Diskussion aus der Motivation heraus, dass andere Mitglieder die Arbeit erledigen), das „soziale Trittbrettfahren" (keine oder geringe Beteiligung aufgrund der Auffassung, Beiträge seien überflüssig und nicht zum Thema beitragend) und den „Trotteleffekt" (bewusste Zurückhaltung, um nicht von anderen ausgenutzt zu

---

[49] Vgl. *Schulz* et al. (2012), S. 12
[50] Vgl. *Averbeck-Lietz/Meyen* (2016), S. 160
[51] Vgl. *Buber/Holzmüller* (2009), S. 486; *Schulz* et al. (2012), S. 486
[52] Vgl. *Schulz* et al. (2012), S. 13
[53] Vgl. *Littig/Wallace* (1997), S. 9
[54] Vgl. *Kühn/Koschel* (2018), S. 229

werden) zu vermeiden.[55] Einzelinterviews sind in der Auswertung einfacher als Fokusgruppen. Die statistische Repräsentativität von Fokusgruppen ist ein immer wiederkehrender Kritikpunkt von Fokusgruppen, vor allem dann, wenn Ergebnisse einer Gruppendiskussion im Widerspruch zu einer nachgelagerten quantitativen Umfrage stehen. [56]

3 Inhaltlich strukturierende und evaluative qualitative Inhaltsanalyse

3.1 Hinführung zum Thema

Der Begriff der Inhaltsanalyse lässt sich in einigen Bereichen der empirischen Forschung wiederfinden.[57] Der „Inhalt" nimmt dabei ausschließlich Bezug zu Kommunikationsinhalten. So kann eine Inhaltsanalyse als „eine Methode zur Erhebung sozialer Wirklichkeit, bei der von Merkmalen eines manifesten Textes auf Merkmale eines nichtmanifesten Kontextes geschlossen wird", verstanden werden.[58] Die kommunikationswissenschaftliche Technik analysiert streng methodisch schrittweise das relevante Material.[59] Grundlegend wird zwischen einer quantitativen und qualitativen Inhaltsanalyse unterschieden. Die Analysematerialien sind bei der quantitativen Inhaltsanalyse Häufigkeiten, Umfänge und Verteilungen von Satzstrukturen. Die qualitative Inhaltsanalyse legt ihren Fokus hingegen auf die Individualität einzelner Texte in Berücksichtigung der Codierung dessen.[60] Als Standardmethode der Sozialwissenschaften findet sie ihre Anwendung vor allem im Rahmen von Forschungsprojekten, die große Datenmengen bspw. Transkriptionen von Interviews.[61]

Philipp Mayring und Udo Kuckartz unterscheiden drei Hauptformen der qualitativen Inhaltsanalyse. Beide Theorien weisen die inhaltlich-strukturierende als auch evaluative qualitative Inhaltsanalyse auf.[62]

In dieser Arbeit werden nach Beschreibung der typischen Abläufe einer inhaltlich-strukturierenden und evaluativen qualitativen Inhaltsanalyse nach Kuckartz die wichtigsten Unterschiede erläutert.

---

[55] Vgl. *Kühn/Koschel* (2018), S. 231
[56] Vgl. *Dammer/Szymkowiak* (1998), S. 32
[57] Vgl. *Tschiggerl* et al. (2019), S. 99
[58] Vgl. *Merten* (1995), S. 15
[59] Vgl. *Schnell* et al. (2013), S. 23
[60] Vgl. *Rössler* (2017), S. 19
[61] Vgl. *Mey/Mruck* (2010), S. 601
[62] Vgl. *Schreier* (2014), S. 4

3.2   Ablauf einer inhaltlich strukturierenden Inhaltsanalyse

Das Wesen der inhaltlich strukturierenden Inhaltsanalyse umschließt, das für die Forschungsfrage relevante Material festzulegen, nach induktiver Vorgehensweise, also vom
speziellen zum allgemeinen[63], zu konzeptualisieren und das Material im Hinblick dieser
Aspekte systematisch zu beschreiben.[64] Eine inhaltlich strukturierende Inhaltsanalyse
umfasst sieben Phasen.

Der Ablauf beginnt mit der intensiven Befassung der Inhalte und des sprachlichen Mate-
rials eines Textes, auch als initiierende Textarbeit benannt. Dies umfasst ein sorgfältiges
Lesen des Textes, das Markieren relevanter Textpassagen sowie die Vermerkung von
Anmerkungen am Rand. Auswertungsideen und auffällige Besonderheiten werden mit
Memos versehen. Die erste Phase schließt mit einer ersten (kurzen) Fallzusammenfas-
sung.[65] Die Phasen der Inhaltsanalyse werden in der nun folgenden Abbildung dargestellt.

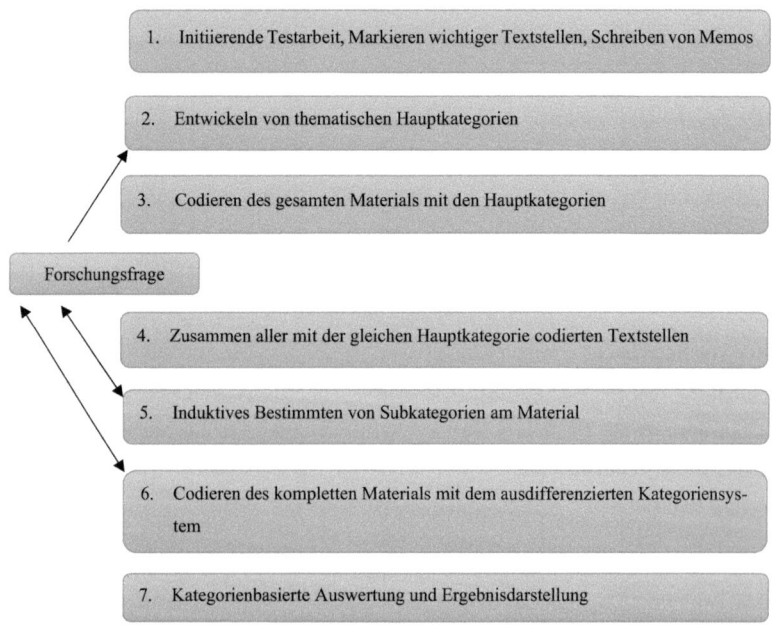

Abbildung 1: Ablaufschema einer inhaltlich strukturierenden Inhaltsanalyse[66]

---

63 Vgl. *Lexikon der Psychologie* (2014)
64 Vgl. *Stamann* et al. (2016), S. 4
65 Vgl. *Kuckartz* (2016), S. 101
66 Eigene Darstellung in Anlehnung an *Kuckartz* (2014), S. 78

In der zweiten Phase werden Hauptkategorien aus der Forschungsfrage abgeleitet. Dies ermöglicht ein weiteres Aufgliedern in Subkategorien. Auch in der Phase findet zur Vermerkung von Auffälligkeiten und Besonderheiten das Arbeiten mit Memos und Randbemerkungen seine Anwendung. Es wird ein Testlauf des gesamten Auswertungsmaterials empfohlen, um die gewählten Kategorien auf Anwendbarkeit zu prüfen. Je nach Komplexität des Kategoriensystems und des Umfangs des Materials umfasst der Analyseprozess ca. 10 bis 25% des Gesamttextmaterials.[67]

Die dritte Phase enthält den ersten Codierprozess. Hierbei werden Zeile für Zeile einzelne Textabschnitte dem aus Phase zwei erstellten Hauptkategorien zugeordnet. Dabei bleiben im Hinblick auf die Forschungsfrage irrelevante und allgemein nicht sinntragende Textpassagen uncodiert. Abschnitte mit mehreren Themen können unterschiedlichen Kategorien zugewiesen werden. Folgend werden in der vierten Phase gleiche Hauptkategorien zusammengestellt, um zu den Hauptkategorien Subkategorien zu bilden.[68]

Die noch relativ allgemeinen Hauptkategorien werden in der fünften Phase in Subkategorien ausdifferenziert. Das Vorgehen erfolgt nach dem Verfahren der Induktion. Nach Auswahl der ausdifferenzierten Kategorien und Zusammenstellung derer in einer Tabelle bzw. Liste werden Subkategorien gebildet.[69]

Der umfangreichste Arbeitsschritt der Inhaltsanalyse ist der in Phase sechs zweite Codierungsprozess. Basis für das Codieren bilden die in Phase fünf erstellten Subkategorien. Diese werden mit den bislang vorhandenen Hauptkategorien codiert. Genauer gesagt findet eine erneute Durcharbeitung des gesamten Materials statt. Wenn die Subkategorien auf Basis von zu wenig Material gebildet wurden, wird dies in dieser Phase bemerkt und eine Präzisierung und Erweiterung erforderlich. Ein sorgfältiges Arbeiten in den vorherigen Phasen ist leittragend für die Erstellung eines detaillierten Kategoriensystems. Dies umfasst auch die Vermeidung von einer nicht sinnhaften Subkategorienbildung bei bspw. wenig Forschungsmaterial.[70]

Die siebte und letzte Phase – der kategorienbasierten Auswertung und Ergebnisauswertung – ermöglicht verschiedene Formen der Ergebnispräsentation.[71] Diese wäre z.B. in Form einer vertiefenden Einzelfallinterpretation, einer Fallübersicht, grafischen Darstellung, qualitativen und qualifizierenden Kreuztabelle, entlang der Hauptkategorien kategorienbasierten

---

[67] Vgl. *Kuckartz* (2016), S. 101–102
[68] Vgl. *Kuckartz* (2016), S. 102–104
[69] Vgl. *Kuckartz* (2016), S. 106
[70] Vgl. *Kuckartz* (2016), S. 110–111
[71] Vgl. *Kuckartz* (2016), S. 111

Auswertung, innerhalb einer Hauptkategorien Analyse der Zusammenhänge und zwischen Kategorien Analyse der Zusammenhänge, möglich.[72]

3.3 Ablauf einer evaluativen qualitativen Inhaltsanalyse

Ein weiteres Basisverfahren der qualitativen Inhaltsanalyse ist die evaluative qualitative Inhaltsanalyse.[73] Sie durchläuft die gleichen Phasen der Textarbeit, Kategorienbildung, Codierung, Analyse und Ergebnisdarstellung wie die der inhaltlich qualitativen Inhaltsanalyse. [74] Sie unterscheidet sich jedoch in der Kategorienbildung, genauer in den Phasen der Codierung bis zur Ergebnisdarstellung. Bei Einfluss mehrerer Bewertungskategorien in die Analyse ist für jede einzelne Kategorie ein Durchlauf der Phasen zwei bis fünf nötig.[75]

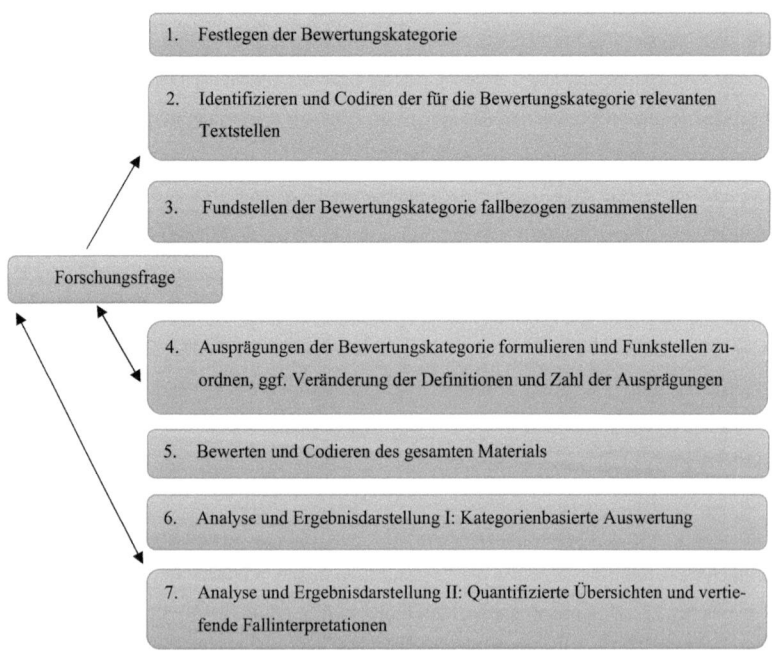

Abbildung 2: Ablaufschema einer evaluativen qualitativen Inhaltsanalyse[76]

---

[72] Vgl. *Kuckartz* (2014), S. 94
[73] Vgl. *Schreier* (2014), S. 4
[74] Vgl. *Kuckartz* (2014), S. 99–100
[75] Vgl. *Kuckartz* (2016), S. 124–125
[76] Eigene Darstellung in Anlehnung an *Kuckartz* (2014), S. 100

In der ersten Phase werden die Kategorien für die evaluative qualitative Inhaltsanalyse bestimmt. Wichtig ist hierbei ein stringenter Zusammenhang zur Forschungsfrage. Bei der Wahl der Kategorien ist zu achten, dass nur solche gewählt werden, die für die Forschungsfrage bedeutend sind und in Zusammenhang mit weiteren Kategorien im Projektverlauf gebracht werden können. Während des Auswertungsprozess können sich ebenfalls bewertende Kategorien ergeben. Aufgrund des hohen Aufwandes für die Bildung und Codierung einer bewertenden Kategorie, ist eine Sicherstellung der Einschätzung dieser für alle Forschungsteilnehmer essenziell.[77]

In der zweiten Phase wird das gesamte Material durchgearbeitet. Dies geschieht durch die Codierung jeder Textstelle, die Informationen zur fokussierten Kategorie enthält. Nach den Markierungen der Textstellen in Phase zwei, wird ein fallbezogenen Zusammenstellen aller codierten Bereiche und eine kategorienbasierte Auswertung vorgenommen. Dieser Arbeitsschritt wird durch Listen und Tabellen unterstützt und bildet den Grundstein für die analytische Arbeit in den nächsten beiden Phasen.

In der vierten Phase werden Formulierungen der Ausprägungen der Bewertungskategorien vorgenommen. Hierfür muss eine ausreichende Anzahl an gelesenen Textstellen vorhanden sein, um einen Differenzierungsgrad für die evaluative Unterscheidung festzulegen. Der Differenzierungsgrad stellt dabei ein Minimum an folgenden Ausprägungen dar:

– hohe Ausprägung und

– geringe Ausprägung der Kategorie

– keine Klassifizierung, d.h. die vorhandene Information ist für eine zuverlässige Zuordnung der Ausprägung nicht möglich.[78]

Nachfolgend wird in der fünften Phase das gesamte Material endgültig bewertet und codiert.[79] Die Entscheidungen werden mit Memos dokumentiert und sichern eine nachgängige Nachvollziehbarkeit. In der sechsten wie auch siebten Phase werden Auswertungen der Kategorien durchgeführt. Einfache Auswertungen in deskriptiver Form sind Teil der sechsten Phase. Dabei umfasst die Beschreibung qualitative als auch quantitative Aspekte. Die Auswertung ist bei der evaluativen qualitativen Inhaltsanalyse je nach Komplexität in sieben verschiedenen Formen möglich. Die Komplexität der noch relativen einfachen Auswertung aus Phase sechs steigert sich in Phase sieben. Da hier vor allem

---

[77] Vgl. *Kuckartz* (2016), S. 126
[78] Vgl. *Kuckartz* (2016), S. 127
[79] Vgl. *Kuckartz* (2014), S. 141

Zusammenhänge verschiedener evaluativer Kategorien oder umfangreiche Einfallinter-
pretationen vordergründig sind, werden häufig Kreuztabellen eingesetzt.[80]

3.4 Unterschiede beider Analysemethoden

Nach intensiver Ausführung der inhaltlich qualitativen und evaluativen qualitativen Inhaltsanalyse werden die Unterschiede verdeutlicht.

Eine deutlich stärkere interpretative Ausrichtung besitzt die evaluative qualitative Inhaltsanalyse im Vergleich zur inhaltlich strukturierenden Inhaltsanalyse. Sie geht stärker her-
meneutisch-interpretativ vor und ist aufgrund ihrer Bewertungen auf allen Ebenen des
Gesamtfalles von einer ganzheitlichen Orientierung geprägt. Da die Bewertungen und
Klassifizierungen der evaluativen qualitativen Inhaltsanalyse höhere Anforderungen an
de Codierenden stellen, wird eine Auswertung des Gesamtprozesses durch zwei Codie-
rende empfohlen.[81]

Ein weiterer Unterschied liegt in der Kategorienentwicklung. Während bei der inhaltlich
strukturierenden Inhaltsanalyse Oberkategorien aus der Grundlage von Vorwissen gebildet werden, ergeben sich diese bei der evaluativen Inhaltsanalyse aus dem Material. Um-
gekehrt verhält sich dies bei den Unterkategorien. Die inhaltlich strukturierende Inhaltsanalyse generiert diese aus dem Material und die evaluative Inhaltsanalyse im Gegensatz
dazu aus dem Vorwissen.

Wenn die Arbeit primär auf Beschreibungen ausgerichtet ist, eignet sich die inhaltlich
strukturierende Inhaltsanalyse. Ist hingegen eine theorieorientierte Arbeit vordergründig
ist eine evaluativ qualitative Inhaltsanalyse geeigneter.[82]

Das Wesensmerkmal der evaluativen qualitativen Inhaltsanalyse findet sich in der Einschätzung, Klassifizierung und Bewertung durch den Forschenden. Die inhaltliche strukturierende Inhaltsanalyse setzt hingegen ihren Schwerpunkt auf die Systematisierung und
Analyse wechselseitiger Relationen. Auch ist eine Fokussierung auf die Unterkategorien
und auf durch das Textmaterial unterstützte Ausprägungen bei der inhaltlich strukturierenden Inhaltsanalyse zu finden.[83]

---

[80] Vgl. *Kuckartz* (2016), S. 134–139
[81] Vgl. *Kuckartz* (2016), S. 140–141
[82] Vgl. *Kuckartz* (2016), S. 141
[83] Vgl. *Kuckartz* (2016), S. 142

Anlage

Interviewleitfaden zur Ermittlung der Unternehmensreputation der DB AG

1. Begrüßung und Einleitung

Sehr geehrte/r Frau/Herr _____

vielen herzlichen Dank, dass Sie sich Zeit für dieses Interview nehmen.

Bevor wir mit dem Interview beginnen, möchte ich mich kurz bei Ihnen vorstellen und Ihnen erläutern, worum es geht. Mein Name ist XY und absolviere derzeit ein Studium an der SRH-Fernhochschule Riedlingen. Im Rahmen des Moduls „Wissenschaftliches Arbeiten – Vertiefung I" des Bachelorstudiengangs Psychologie beschäftige ich mich mit dem Thema „Unternehmensreputation". Ich möchte mit Hilfe dieses Gespräches Ihre konkrete, subjektive Wahrnehmung und Erwartung der DB in Erfahrung bringen. Die Untersuchung umfasst eine Befragung von Kunden, Mitarbeitern sowie Geschäftspartnern der DB. Die DB hat zum Ziel bis 2020 zu den zehn Top-Arbeitgebern Deutschlands zu gehören und mit Hilfe dieser Interviews werden die Wahrnehmungen aus unterschiedlichen Blickwinkeln verschiedener Stakeholder ermittelt.

Das Interview wird ca. 60 – 90 Minuten in Anspruch nehmen. Ich bitte Sie um Erlaubnis das Interview aufzeichnen zu dürfen, um im Nachgang eine bessere Auswertung durchführen zu können. Dies ermöglicht zusätzlich meine vollständige Konzentration auf das Gespräch und vermeidet Unterbrechungen meinerseits. Ihre Aussagen und die damit erhobenen Daten werden absolut vertraulich behandelt und anonymisiert ausgewertet.

Um möglichst viel von Ihrer persönlichen Sichtweise zu erfahren, stelle ich Ihnen offene Fragen. Ich bitte Sie mir alles zu erzählen, was Sie diesbezüglich für relevant und wichtig halten. Der Umgang mit Ihren Antworten ist ohne Wertung.

Zu Beginn werde ich einige formale Daten aufnehmen und würde Sie bitten, die Einverständniserklärung zu unterzeichnen.

Haben Sie bisher Fragen?

2. Formaler Teil

Name	
Geschlecht	
Alter	
Beginn	
Ende	
Dienstzeit bei der DB	
Position bei der DB	
Ort, Datum	

3. Einführende Frage

Die DB – ein wohl gängiger Begriff. Was ist Ihr erster Gedanke, wenn Sie „Deutsche Bahn" hören? Begründen Sie bitte Ihre Antwort.

4. Dimension Verantwortung

    a. Wie beschreiben Sie das Wettbewerbsverhältnis der DB?

    b. Wie würden Sie das Profitdenken der DB beurteilen?

    c. Wie erfüllt die DB, Ihrer Auffassung nach, ihre gesellschaftliche Verantwortung?

        o Können Sie ein Beispiel nennen, das über die gesetzlichen Vorgaben reicht?

    d. Nachhaltigkeit ist ein aktuelles und auch wichtiges Thema. Engagiert sich die DB im Rahmen der Nachhaltigkeitsdebatte und wie genau?

    e. Werden wichtige und aktuelle Informationen das Unternehmen betreffend transparent und gut auffindbar nach außen kommuniziert?

        o Informierten Sie sich täglich über die DB? Wenn ja, wie?

        o Wie genau trägt die DB Informationen nach außen?

5. Dimension Attraktivität

    a. Wie würden Sie die Qualifikation der Mitarbeiter der DB einschätzen?

        o Erhalten Sie, wenn Sie Fragen haben eine Antwort?

        o Werden Ihre Anliegen Ihren Erwartungen nach zufriedenstellend bearbeitet?

     o   Würden Sie DB Mitarbeiter als kompetent bezeichnen?

  b. Halten Sie die DB für einen attraktiven Arbeitgeber?

     o   Könnten Sie sich vorstellen für die DB zu arbeiten?

  c. Wie würden Sie das Erscheinungsbild der DB beschreiben?

6. Dimension Qualität

  a. Auf einer Skala von 1 (überhaupt nicht) bis 5 (voll und ganz) - Wie zufrieden sind Sie mit den angebotenen Produkten der DB? Bitte begründen Sie Ihre Wahl.

  b. Wie beurteilen Sie das Preis-/Leistungsverhältnis der Produkte der DB?

  c. Welche Services bietet die DB an?

     o   Haben Sie schon Services in Anspruch genommen? Wenn ja, welche?

     o   Ist das Serviceangebot ausreichend? Würden Sie sich noch zusätzliche Serviceleistungen wünschen?

  d. Wie ist die Servicequalität?

  e. Geht die DB Ihrer Meinung auf Kundenwünsche ein? Woran machen Sie das fest?

  f. Kann die DB als verlässlicher Partner angesehen werden? Bitte begründen Sie Ihre Antwort.

  g. Schätzen Sie die DB als ein vertrauenswürdiges Unternehmen ein?

  h. Wie ist der Umgang mit erbrachten Leistungen bei der DB?

     o   Die Frage zielt auf die von Ihnen erbrachten Leistungen ab, als Mitarbeiter, Kunde, Geschäftspartner und erfragt die entsprechende Würdigung.

  i. Bietet die DB Produkte, die Sie gegenüber Ihren Mitbewerbern als einzigartig wertet und damit zu einem Vorreiter macht?

7. Dimension Perfomance

  a. Schätzen Sie die DB als ein wirtschaftlich stabiles Unternehmen ein?

     o   Wissen Sie wie lange die DB schon in der Wirtschaft existiert und was schätzen Sie, dass es die DB in den nächsten 10 Jahren noch geben wird?

  b. Die DB möchte in den nächsten Jahren über Tausende qualifizierte Mitarbeiter für sich gewinnen. Werden Sie das Ihrer Meinung nach erreichen?

     o   Wird die DB wachsen oder eher schrumpfen?

  c. Mit welchen Risiken könnte die DB konfrontiert sein?

d. Beschreiben Sie die Führung der DB.

    o Welcher Führungsstil wird gelebt?

    o Ist die Art der Führung zeitgemäß?

e. Welche zukünftigen Zielvorstellungen hat die DB?

    o Sind die Ziele klar formuliert?

    o Ist eine Zielerreichung absehbar?

    o Welche Akteure spielen eine Rolle zur Umsetzung der Ziele?

8. Schluss

Ich von meiner Seite bin mit meinen Fragen am Ende angelangt. Gibt es von Ihrer Seite noch Aspekte, die nicht angesprochen wurden bzw. die Sie gerne noch anführen würden?

Wenn Ihrerseits Interesse besteht, sende ich Ihnen gerne nach Abschluss der Auswertung des Interviews die Ergebnisse zu.

Ich bedanke mich für Ihre Zeit und das offene Gespräch.

9. Einverständniserklärung

Ich, ..., erkläre mich damit einverstanden, dass das mit mir am .... von Frau XY geführte Interview auf Tonband aufgenommen und in Schriftform gebracht werden darf, um dies für den angegebenen Forschungszweck nutzen zu können.

Ich erkläre mich ebenfalls damit einverstanden, dass Teile des Interviews für Publikationszwecke in der Forschungsarbeit verwendet werden dürfen. Mir wurde zugesichert, dass alle persönlichen Daten, die Rückschlüsse auf meine Person geben, gelöscht bzw. anonymisiert werden.

_____

Ort, Datum   Unterschrift

Literaturverzeichnis

Altenburger, R./Mesicek, R. H. (Hrsg.) (2016), CSR und Stakeholdermanagement. Strategische Herausforderungen und Chancen der Stakeholdereinbindung, Berlin, Heidelberg.

Averbeck-Lietz, S./Meyen, M. (Hrsg.) (2016), Handbuch nicht standardisierte Methoden in der Kommunikationswissenschaft, s.l.

Berger-Grabner, D. (2016), Wissenschaftliches Arbeiten in den Wirtschafts- und Sozialwissenschaften. Hilfreiche Tipps und praktische Beispiele, 3. Aufl.

Binner, H. F. (1996), Umfassende Unternehmens qualität. Ein Leitfaden zum Qualitätsmanagement, Berlin, Heidelberg.

Buber, R./Holzmüller, H. H. (Hrsg.) (2009), Qualitative Marktforschung. Konzepte - Methoden - Analysen, 2. Aufl., Wiesbaden.

Dammer, I./Szymkowiak, F. (1998), Die Gruppendiskussion in der Marktforschung. Grundlagen - Moderation - Auswertung ; ein Praxisleitfaden, Opladen, Wiesbaden.

Döring, N./Bortz, J. (2016), Forschungsmethoden und Evaluation in den Sozial- und Humanwissenschaften, 5. Aufl., Berlin, Heidelberg.

Esty, D. C. (2019), The labyrinth of sustainability. Green business lessons from Latin American corporate leaders, London, New York.

Gotsi, M./ Wilson, M.A. (2001). Corporate reputation: seeking a definition. Corporate Communications: An International Journal, 6(1), S. 24-30.

Gray, E. R./Balmer, J. M.T. (1998), Managing Corporate Image and Corporate Reputation, Long Range Planning, 31. Jg., Nr. 5, S. 695–702.

Griggel, M./Grimmeißen, V./Hänsel, U./Hummel, M./Käß, S./Kottmann, K. (1993), Unternehmensqualität. Überblick über die Erfolgsfaktoren eines Unternehmens, Wiesbaden, s.l.

Hall, R. (1992), The strategic analysis of intangible resources, Strategic Management Journal, 13. Jg., Nr. 2, S. 135–144.

Helfferich, C. (2005), Die Qualität qualitativer Daten. Manual für die Durchführung qualitativer Interviews, 2. Aufl., Wiesbaden.

Hussy, W./Schreier, M./Echterhoff, G. (2013), Forschungsmethoden in Psychologie und Sozialwissenschaften für Bachelor, 2. Aufl., Berlin, Heidelberg.

Imai, M./Nitsch, F. (1994), Kaizen. Der Schlüssel zum Erfolg der Japaner im Wettbewerb, 12. Aufl., München.

Kuckartz, U. (2014), Qualitative Inhaltsanalyse. Methoden, Praxis, Computerunterstützung, 2. Aufl., Weinheim, Basel.

Kuckartz, U. (2016), Qualitative Inhaltsanalyse. Methoden, Praxis, Computerunterstützung, 3. Aufl., Weinheim, Basel.

Kühl, S. (Hrsg.) (2009), Handbuch Methoden der Organisationsforschung. Quantitative und qualitative Methoden, Wiesbaden.

Kühn, T./Koschel, K.-V. (2018), Gruppendiskussionen. Ein Praxis-Handbuch, 2. Aufl., Wiesbaden, Wiesbaden.

Lamnek, S. (2005), Qualitative Sozialforschung. Lehrbuch, 4. Aufl., Weinheim, Basel.

Lin-Hi, N. (2008), Eine Theorie der Unternehmensverantwortung, Dissertation.

Littig, B./Wallace, C. (1997), Möglichkeiten und Grenzen von Fokus-Gruppendiskussionen für die sozialwissenschaftliche Forschung, Wien.

Mayer, H. O. (2013), Interview und schriftliche Befragung. Grundlagen und Methoden empirischer Sozialforschung, 6. Aufl., München.

Merten, K. (1995), Inhaltsanalyse. Einführung in Theorie, Methode und Praxis, 2. Aufl., Wiesbaden.

Mey, G./Mruck, K. (2010), Handbuch Qualitative Forschung in der Psychologie, s.l.

Misoch, S. (2015), Qualitative Interviews, Berlin, München, Boston.

Naderer, G./Balzer, E. (2011), Qualitative Marktforschung in Theorie und Praxis. Grundlagen - Methoden - Anwendungen, 2. Aufl., Wiesbaden.

Rauber, S. (2014), Unternehmensreputation und Medien. Eine neo-institutionalistische Analyse am Beispiel von M&A, Zugl.: Eichstätt-Ingolstadt, Univ., Diss., 2013, Wiesbaden.

Rössler, P. (2017), Inhaltsanalyse, 3. Aufl., Konstanz, München.

Sax, A. (2010), Methoden der strategischen Planung und Steuerung der IT. Eine empirische Untersuchung in Banken, Wiesbaden.

Schetter, F. (2014), Ethische Führung und Arbeitgeberattraktivität. Zusammenhänge, Hamburg.

Schmidt, R. H. (2003), Corporate governance in Germany. An economic perspective, Frankfurt am Main.

Schnell, M./Schulz, C./Kolbe, H./Dunger, C. (2013), Der Patient am Lebensende. Eine Qualitative Inhaltsanalyse, Wiesbaden.

Schnell, R./Hill, P. B./Esser, E. (2005), Methoden der empirischen Sozialforschung, 7. Aufl., München.

Schreier, M. (2014), Varianten qualitativer Inhaltsanalyse. Ein Wegweiser im Dickicht der Begrifflichkeiten, Forum Qualitative Sozialforschung / Forum: Qualitative Social Research, Vol 15, No 1 (2014).

Schulz, M./Mack, B./Renn, O. (Hrsg.) (2012), Fokusgruppen in der empirischen Sozialwissenschaft. Von der Konzeption bis zur Auswertung, Wiesbaden.

Schwaiger, M. (2004), Components and Parameters of Corporate Reputation — An Empirical Study, Schmalenbach Business Review, 56. Jg., Nr. 1, S. 46–71.

Stamann, C./Janssen, M./Schreier, M. (2016), Qualitative Inhaltsanalyse - Versuch einer Begriffsbestimmung und Systematisierung, Mannheim.

Thielsch, M. T. (2012), Praxis der Wirtschaftspsychologie. Themen und Fallbeispiele für Studium und Anwendung, Münster.

Tschiggerl, M./Walach, T./Zahlmann, S. (2019), Geschichtstheorie, Wiesbaden.

Vitols, K. (2011), Nachhaltigkeit - Unternehmensverantwortung - Mitbestimmung. Ein Literaturbericht zur Debatte über CSR, Berlin.

Walsh, G./Beatty, S. E. (2007), Customer-based corporate reputation of a service firm. Scale development and validation, Journal of the Academy of Marketing Science, 35. Jg., Nr. 1, S. 127–143.

Walter, C. (2020), Statistische Untersuchungen planen. Schwierigkeiten und Fehler von Schülern beim Bearbeiten statistischer Planaufgaben, Wiesbaden.

Wichmann, A. (2020), Quantitative und Qualitative Forschung im Vergleich. Denkweisen, Zielsetzungen und Arbeitsprozesse, Berlin.

Wild, A. (2016), Das strategische Kompetenzmanagement als ein wesentlicher Bestandteil der Employability. Dargestellt am Beispiel eines ICT-Dienstleisters, Mering.

Internetquellenverzeichnis

Deutsche Bahn AG (2019), Kennzahlen 2018 | Deutsche Bahn AG, in: https://
www.deutschebahn.com/de/konzern/konzernprofil/zahlen_fakten/kennzahlen_
2018-1774538, abgerufen am 19. 9. 2019.

Lexikon der Psychologie (2014), Induktion, in: https://www.spektrum.de/lexikon/psy-
chologie/induktion/7106, abgerufen am 25. 9. 2019.

Pommerening, T. (2005), Gesellschaftliche Verantwortung von Unternehmen. Eine Ab-
grenzung der Konzepte Corporate Social Responsibility und Corporate Citizenship, in: http://www.fachsymposium-empowerment.de/Verschiedenes/Gesell-
schaftliche%20Verantwortung%20von%20Unternehmen%20-%20T.%20Pom-
merening.pdf, abgerufen am 13. 9. 2019.

Thommen, J.-P. (2019), Definition: Anspruchsgruppen, in: https://wirtschaftslexi-
kon.gabler.de/definition/anspruchsgruppen-27010, abgerufen am 19. 9. 2019.

van Vilet, V. (2009), Masaaki Imai biography, quotes, publications and books | Tools-
Hero, in: https://www.toolshero.com/toolsheroes/masaaki-imai/, abgerufen am
15. 9. 2019.